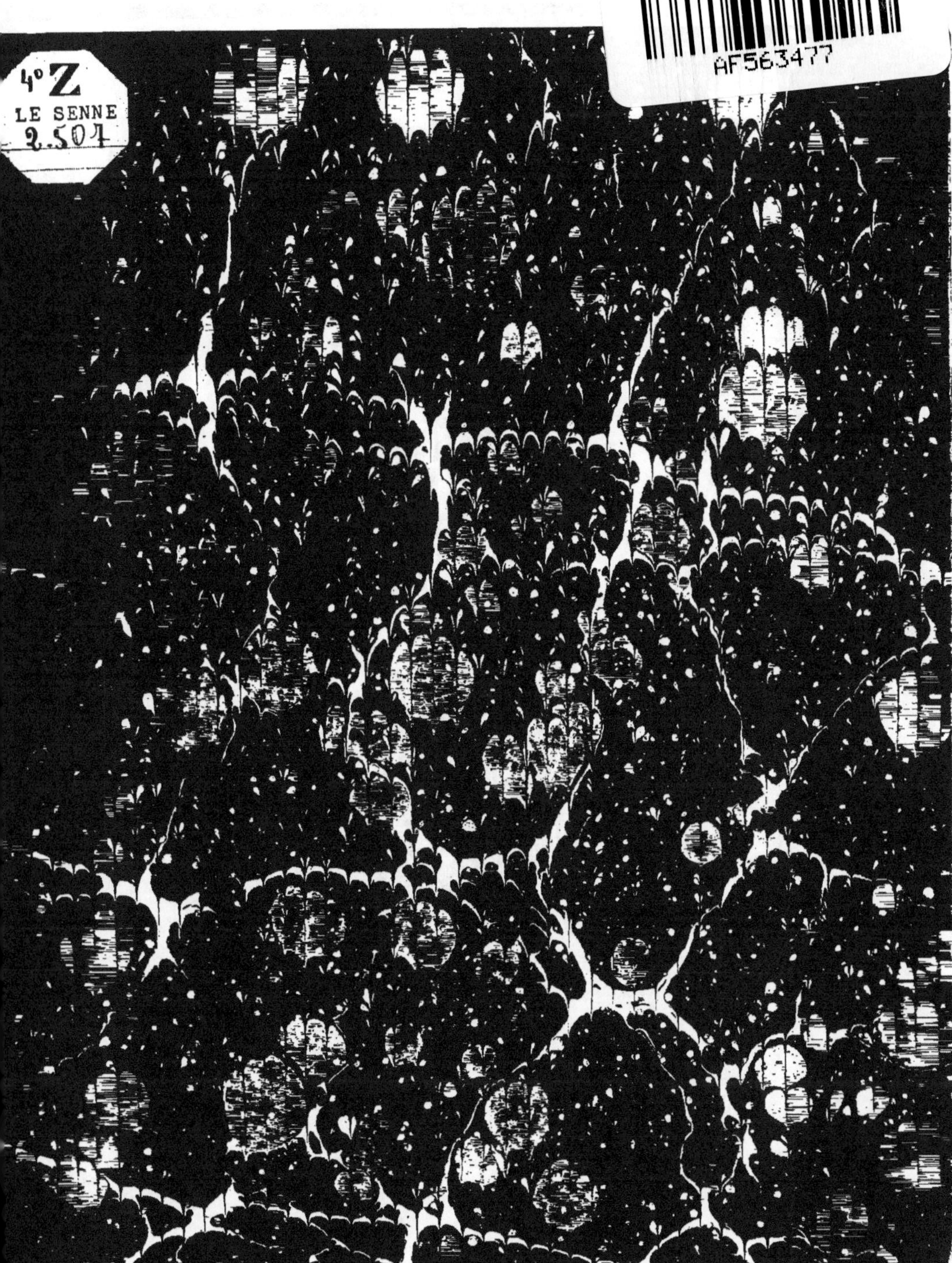

N°
FLUCTUAT NEC MERGITUR

RENOUVELLEMENT DU PROJET
DE TRANSFÉRER
L'HOTEL-DIEU DE PARIS
A L'ILE DES CYGNES,

D'APRÈS

L'APPROBATION DES MÉDECINS LES PLUS DISTINGUÉS.

L'AUTEUR de ce projet ose espérer que SA MAJESTÉ accueillera avec bonté la conception d'un monument, qui, en devenant un des plus beaux ornemens de Paris, procurerait l'entier dégagement des quais, et offrirait à l'indigence souffrante, un hospice général où se trouveraient réunis tous les secours dont elle a besoin. Le Roi ne peut être indifférent à un projet qui lui assure le moyen de satisfaire le besoin le plus doux de son cœur, celui de répandre parmi nous de nouveaux bienfaits.

En 1785, le sieur Poyet a eu l'honneur de présenter à Sa Majesté Louis XVI le modèle du monument dont il s'agit, en présence de son ministre, M. le baron de Breteuil. Le Roi en fut si satisfait, qu'il dit avec bonté à l'auteur, que lorsqu'il aurait terminé cet édifice, il lui accorderait l'ordre de Saint-Michel. Ce projet fut de même si favorablement accueilli du public, qu'il obtint d'abord pour deux millions cinq cent mille francs de souscriptions, et l'on ne peut nier que ce ne soit à ce projet, que les malades de l'Hôtel-Dieu doivent le bienfait de coucher seuls, tandis qu'avant sa publication, ils étaient entassés à cet hôpital au nombre de trois, et jusqu'à six dans le même lit. Cet entassement affreux était si meurtrier, qu'il est prouvé, par le relevé fait sur les registres de onze années consécutives, qu'il mourait à l'Hôtel-Dieu, année commune, entre le quart et le cinquième des malades qui y entraient, tandis que dans les autres hôpitaux il n'en meurt pas la huitième partie. Ce funeste résultat excita le zèle du sieur Poyet, lui inspira le vif désir d'y remédier, et lui fit chercher les meilleurs moyens d'y parvenir.

M. le baron de Breteuil, alors ministre, et à qui on doit rendre la justice d'avoir commencé l'embellissement et l'assainissement de Paris, par le dégagement des ponts et des quais, employa tous ses soins pour faire mettre ce projet à exécution; mais l'administration de l'Hôtel-Dieu, qui avait sans doute des intérêts particuliers à s'opposer à sa translation, fit tellement prolonger l'examen de cette importante affaire, que ce ne fut que trois ans après, et sous un autre ministère, que l'Académie des Sciences donna son rapport sur cet intéressant objet. D'après ce rapport, le Gouvernement préféra, au projet proposé, celui des commissaires de cette académie, pour l'établissement de quatre hôpitaux. Ainsi, la translation de l'Hôtel-Dieu fut décidée en principe, et même ordonnée par le Roi. Elle se serait effectuée, si M. le baron de Breteuil eût consulté l'Académie d'Architecture au lieu de celle des Sciences, qui nomma trois commissaires qui parcoururent pendant plusieurs années l'Italie, l'Allemagne et l'Angleterre, pour y voir les hôpitaux, ce qui retarda d'autant l'exécution de mon projet, que la révolution vint encore entraver.

Aujourd'hui que nous jouissons d'un bonheur et d'une tranquillité qui permet de songer à l'amélioration de toutes les parties de l'administration, le sieur Poyet ose reproduire son projet, et supplier Sa Majesté de lui accorder la grâce de le juger elle-même, persuadé qu'il ne peut être mieux apprécié que par sa bonté paternelle pour son peuple, et les encouragemens qu'elle ne cesse de donner à tout ce qui a rapport à l'utilité publique. Plein de cette idée, le sieur Poyet prend la respectueuse liberté d'exposer à SA MAJESTÉ :

1°. La nécessité de ne pas laisser subsister plus long-temps l'Hôtel-Dieu dans l'emplacement qu'il occupe ;

2°. Les avantages que présente l'hospice général dont il propose la construction, avantages qui semblent devoir lui obtenir la préférence sur le système des quatre hôpitaux demandés par Messieurs les commissaires de l'Académie des Sciences ;

3°. L'exécution qui résulterait par l'adoption de ce projet, du dégagement des quais dont l'alignement a été arrêté par le ministre de l'intérieur.

Nécessité de transférer l'Hôtel-Dieu.

Une foule de considérations s'élèvent depuis long-temps pour commander cette translation.

Cette nécessité était déjà reconnue sous le règne de Louis XIV, et dès-lors M. l'abbé Le Jeune, docteur de Sorbonne, publia un Mémoire tendant à faire transférer l'Hôtel-Dieu à l'île des Cygnes.

La délibération de Messieurs les administrateurs de cet hôpital, du 11 janvier 1773, concluait à sa translation dans la plaine de Grenelle.

En 1774, M. Petit le plaçait au pied du monticule de Belleville.

Les médecins de l'Hôtel-Dieu, dans leur Mémoire remis au bureau en 1775, le transféraient à l'île des Cygnes.

Enfin, M. Le Roi l'établissait au-dessous de Chaillot.

Une vérité incontestable, c'est qu'un hôpital doit essentiellement être suffisant, commode et salubre. Or, tout le monde conviendra que l'Hôtel-Dieu n'a aucune de ces trois qualités ; qu'il a complétement même tous les défauts opposés, auxquels se joint l'inconvénient majeur d'obstruer le quartier qui a le plus besoin d'une libre circulation.

D'après cela, si quelque chose a droit de surprendre, c'est que l'un des hôpitaux de l'Europe qui ait le plus coûté d'efforts et de dépenses, soit peut-être celui de tous le plus éloigné de ce qu'il devrait être; et ce qui doit étonner davantage, c'est que sa translation, réclamée depuis si long-temps, ne soit pas encore effectuée.

Quoique l'administration de cet hôpital ait pris le parti de faire coucher les malades seuls dans leurs lits, il a été démontré par l'Académie des Sciences, que pour recevoir 1,200 malades dans un hospice, il fallait que ses bâtimens eussent 25,500 mètres de superficie, et ceux de l'Hôtel-Dieu n'en contiennent que 7,419 pour 1500 lits qui y existent actuellement : on peut juger à quel point ces lits se trouvent resserrés par une aussi énorme disproportion, qui détruit pour le malade une partie des bons effets qu'il devait attendre de la jouissance des lits seuls.

L'Académie exige que les bâtimens des hôpitaux soient isolés et séparés par de vastes cours : il n'en existe à l'Hôtel-Dieu qu'une petite pour le service, encore est-il défendu aux malades de s'y promener.

Elle demande que les salles soient disposées de manière que l'air puisse s'y renouveler; ce qui est impossible à l'Hôtel-Dieu.

Sous un autre point de vue, n'est-il pas temps que la moitié des habitans de Paris cesse d'être comme condamnée à s'abreuver d'une eau continuellement souillée par les immondices de cet hôpital, et que ceux de son voisinage ne soient plus exposés aux malignes influences de son air extrêmement corrompu?

N'est-il pas temps encore que la démolition de ce cloaque aussi hideux qu'impur, permette de donner aux ports les plus fréquentés de Paris, l'issue que réclame absolument le commerce pour la circulation des voitures, et achève le bel ouvrage de la construction des quais, déjà si avancé? Ajoutez que cette démolition aurait encore l'avantage de régulariser la place de l'Église Notre-Dame, projetée depuis long-temps ?

De toutes ces considérations qui sont le précis de celles exposées dans le Mémoire publié en 1785 par le sieur Poyet, il résulte que l'Hôtel-Dieu est aussi insuffisant, quant à l'étendue du local, que condamnable par le choix de son emplacement; que sa centralité ôte à Paris le plus beau coup d'œil que puissent offrir les quais de quelque ville que ce soit, et que surtout cette barbarie subsistante au sein d'une ville aussi magnifique, nous laisse en arrière de toutes les villes de l'Europe, qui toutes, depuis les progrès de la civilisation et des connaissances physico-médicinales, ont écarté leurs hôpitaux de leur enceinte, en même temps qu'elles leur ont assuré des emplacemens assez vastes, assez isolés pour que les habitans de ces demeures puissent jouir d'un air libre et pur comme s'ils étaient en pleine campagne.

La translation de l'Hôtel-Dieu est donc incontestablement de la plus grande nécessité. De misérables objections réfutées, par le fait de cette translation ordonnée avant la révolution, et dont la moins frivole fut la raison d'économie, n'arrêteront pas sans doute Sa Majesté, trop amie de l'humanité, pour craindre quelques dépenses momentanées, quand il s'agit de soulager les malheureux; trop jalouse de ce qui peut honorer la France et son règne, pour souffrir qu'un si grand et si utile bienfait soit plus long-temps différé.

Avantages que présente l'Hospice général proposé.

Le premier de ces avantages résulte de la forme que le sieur Poyet a donnée à son édifice, qui retrace l'un des plus superbes monumens de l'antiquité, le Colysée de Rome, et qui même serait de moitié plus grand. Cet édifice se compose de deux galeries circulaires, chacune à trois étages, dont l'une extérieure, offre aux malades des promenades à couvert; l'autre, intérieure et d'un moindre développement, est réservée pour faciliter le service des salles : elle forme la circonférence de la vaste cour, au centre de laquelle s'élève la chapelle construite en colonnade à jour, et placée de manière que le service divin s'aperçoive de toutes les salles.

Entre les deux galeries circulaires, intérieure et extérieure, sont

16 corps de bâtimens à 3 étages, disposés comme rayons du cercle, et qui procurent 48 grandes salles. Ces 16 corps de bâtimens sont séparés l'un de l'autre par autant de cours de 54, 55 m. de longueur, et de 23, 38 m. dans leur moyenne largeur, bien suffisante à leur isolement et au renouvellement de l'air, dont, de plus, le courant est encore augmenté par les arcades placées aux deux extrémités extérieures de chaque salle. On voit que l'effet de ces courants sera d'entretenir entre l'atmosphère du dehors et celle de la cour du centre, une communication très-active, indépendamment de celle qui aura lieu par d'autres arcades correspondantes à l'axe de chaque salle; d'où il résulte une circulation non interrompue, et un renouvellement continuel de l'air dans toutes les parties de l'édifice.

Un des grands avantages de la forme circulaire qu'on vient de décrire, avantage qui lui est particulier et qui doit lui assurer la préférence sur toute autre pour cette espèce de monument, c'est la différente direction des salles, qui répondant aux divers rhumbs de vent, les rend susceptibles de les recevoir tous, et d'être toutes assainies, même en ne laissant pénétrer que ceux dont le souffle est le plus favorable.

Les 48 grandes salles auront 8 mèt. de haut, sur 9,74 de large, et 76 mèt. de long; elles auront chacune 82 lits sur deux rangs. Le passage du milieu sera de 3,89. Derrière les lits se trouve un corridor de 1,00 m. de large, formé par une cloison de la hauteur de ces lits, et servant à les isoler, à en dégager le service, à masquer les gardes-robes placées derrière chaque lit dans l'épaisseur du mur, et que l'on déchargera dans les latrines parfaitement isolées.

Il y aura en outre 96 petites salles de 12 lits chacune. Les corps-de-logis servant à lier les extrémités des grandes salles seront occupés, tant par ces petites salles et les escaliers, que par les pièces de dessertes particulièrement consacrées aux salles voisines. La hauteur des étages, proportionnée à l'étendue des grandes salles, permettra d'établir sur ces pièces des entresols de 3,89 m. d'élévation, convenables au logement des sœurs et des gens de service. Par ce moyen, chaque salle aura, dans son voisinage immédiat et tout-à-fait à sa portée, le nombre des personnes destinées à la desservir. Cette disposition achevera de rendre ces salles si complétement isolées, qu'on pourra les considérer comme autant d'hospices particuliers, et que rien ne sera plus aisé que d'introduire, dans leur régime intérieur, tous les moyens d'émulation qu'il sera possible d'imaginer.

Le rez-de-chaussée sera entièrement consacré aux bureaux, pharmacie, buanderie, lingerie, cuisines, offices, bains; enfin à tous les établissemens indiqués dans l'ouvrage de M. Tenon.

Le nombre des lits placés à grands espaces dans ce projet, est de 5,000. Indépendamment de ces lits de salles, le sieur Poyet a ménagé dans les entresols du rez-de-chaussée, 500 chambres à cheminée et à un seul lit, dans lesquelles on arrivera par des escaliers particuliers absolument indépendants, de manière que ces chambres n'auront, avec le reste de l'hôpital, aucune espèce de communication. Ces 500 chambres lui procureront une augmentation de revenu considérable. Plusieurs hôpitaux de France, entre autres ceux de Lyon, Dijon et Besançon, ont des chambres pareilles, dont ils tirent le plus grand parti, en les louant par jour à des prix fixés. Lorsqu'un nouvel hospice-général bien disposé, salubre, propre, commode et vaste, aura détruit les préventions que l'ancien Hôtel-Dieu a fait naître, le public verra, sans répugnance, cet établissement de chambres particulières se former dans le nouveau, et dans cette immense cité où abondent les célibataires, les voyageurs, et autres non-domiciliés, il sera d'une ressource immense.

En même temps qu'il a cherché à réunir tous les genres d'utilités convenables à un tel établissement, l'auteur du projet a pensé qu'il devait offrir aussi un monument digne de la capitale du plus beau royaume. Ainsi la forme circulaire que le sieur Poyet a donnée à son Hospice-général, a non-seulement le mérite de rappeler, comme il est dit plus haut, l'un des plus grands monumens de Rome (le Colysée qui, sans cette application, resterait, d'après nos mœurs et nos usages, à jamais perdu pour nous); mais cette forme est encore, par sa nature, la plus propre de toutes à économiser la dépense, en renfermant le plus d'objets dans le moins d'espace possible; enfin, elle se prête aux parties de distribution les plus simples et les plus avantageuses pour le service des malades.

Pour séparer dans cet hôpital la partie destinée aux hommes, de celle qu'occuperaient les femmes, il suffirait d'établir à chaque étage, dans les galeries circulaires, des barrières construites de manière à intercepter toute espèce de communication, et même de vue, entre les malades des deux sexes; ces barrières seraient tellement disposées, qu'on pourrait les changer de places à volonté, afin d'étendre ou de resserrer chacune des deux divisions, suivant les besoins et les circonstances.

L'emplacement de l'île des Cygnes, proposé par le sieur Poyet pour l'établissement de son grand hospice, offre des avantages si développés dans le mémoire qu'il publia en 1785, qu'il ne croit pas devoir répéter ici tous ces détails. Il se borne donc à observer que cette situation sur le bord de la Seine, au-dessous de Paris, dans un air parfaitement convenable, et à la moindre distance possible du centre de cette grande cité, est préférable à tout autre emplacement; que par son projet il forme de ce terrain une île à peu près elliptique, au moyen d'un petit canal qui lui sert d'enceinte au midi, la rivière bordant l'autre côté; que trois petits ponts sur le canal introduisent dans cette île, au centre de laquelle se trouve placé le monument, avec un quai au pourtour; que la forme de l'île permet de réserver à chacune de ses extrémités une plantation d'arbres pour servir de promenades aux malades; enfin, qu'un aquéduc tiré au milieu de cette île dans toute sa longueur, et traversant par conséquent le diamètre de l'édifice, servira à le purger de toutes ses immondices.

Après avoir terminé la description de son projet, le sieur Poyet croit devoir rappeler ici que MM. les commissaires avaient en 1788, dans leur rapport que l'Académie des Sciences fit adopter au Roi, proposé l'établissement de quatre hôpitaux; savoir, un à la Roquette, et un à Sainte-Anne, sur les plans que cette académie en fit dresser par le sieur Poyet, qui commençait à les exécuter, lorsque la révolution força d'abandonner ces travaux.

Cette division de l'Hôtel-Dieu en quatre hôpitaux, aurait de plus l'inconvénient de jeter le Gouvernement dans des dépenses effrayantes, non-seulement pour leurs constructions, mais encore pour les frais de leurs administrations.

Dans un grand hôpital, une salle ne tient que sa place, parce qu'elle partage avec d'autres les accessoires nécessaires à sa desserte, et qu'il n'est pas besoin de les étendre beaucoup pour les rendre suffisans à 50 salles à la fois; au lieu qu'à chaque hospice il faut les répéter, ce qui augmente d'autant, et en pure perte, tous les frais analogues.

Ceci va devenir plus sensible encore par la comparaison de la dépense à faire pour établir les quatre hôpitaux proposés en 1788, avec celle que demanderait la construction de l'hospice-général proposé par le sieur Poyet.

Pour l'exécution de ce monument, le Gouvernement a à sa disposition plus de la moitié des fonds nécessaires, sans qu'il en résulte aucune charge nouvelle ni imprévue; et le reste peut être aisément suppléé.

Le sieur Poyet s'est assuré par les calculs les plus sévères, fondés sur les prix les plus forts, que la dépense totale du projet qu'il propose serait tout au plus de 12 millions, et il s'engagerait de le construire dans l'espace de deux années seulement.

Pour former cette somme de 12 millions, le sieur Poyet demande que les bâtimens et terrains de l'Hôtel-Dieu, ainsi que des hospices qui deviendront inutiles, soient vendus au profit de ce seul hôpital, et que tous les impôts affectés aux hôpitaux lui soient affectés exclusivement. Les 500 chambres à cheminée, établies dans l'entresol du rez-de-chaussée de cet édifice, produiraient, par leur location, 300,000 fr. par an.

Si l'on ajoute à cela le produit d'une souscription payable à la volonté des souscripteurs pendant le cours de la construction, ce qui serait bientôt rempli, la bienfaisance des Français n'étant jamais invoquée en vain, et surtout pour une entreprise aussi propre à exciter l'enthousiasme et la sensibilité, nul doute que cette construction ne s'élève en très-peu de temps. L'on approuvera sans doute, que les souscriptions de cet hôpital, représentant un des plus beaux monumens de l'antiquité, le Colysée de Rome, soient reçues de préférence au secrétariat de l'Institut.

M. Tenon, un des trois commissaires de l'Académie des Sciences, chargé de donner son avis sur le projet du sieur Poyet, lui a fait faire, d'après ses idées, le projet d'un des quatre hospices (l'hôpital Sainte-Anne), lequel employait 19,650 toises superficielles de terrain, et 4,247 toises superficielles de bâtiment, ce qui faisait pour les quatre hospices 78,600 toises de terrain, et 17,988 toises de bâtiment, tandis que l'hôpital du sieur Poyet n'aurait employé que 30,360 toises de terrain, et 7,521 toises de bâtiment; et dans ce terrain, sont compris deux quinconces pour la promenade des malades. Tout cela prouve que les quatre hospices auraient coûté 25 à 26 millions, tandis que le projet du sieur Poyet n'en coûterait que 12; et outre l'économie d'achat du terrain, puisqu'il appartient à la ville, il en résulterait une plus forte encore, c'est qu'il n'y aurait besoin que d'une seule administration au lieu de quatre.

Le sieur Poyet ose donc se flatter d'avoir établi, d'une manière qui lui paraît solide, les deux propositions qui faisaient l'objet de son mémoire; savoir : 1° la nécessité de transférer ailleurs l'Hôtel-Dieu; 2° les caractères d'utilité et de beauté attachés au plan de l'établissement qu'il propose de lui substituer. Il supplie Sa Majesté de lui permettre d'ajouter une chose en sa faveur : c'est que, malgré la non-adoption de son projet, les vues qu'il contenait sur le sort des malades parurent si évidentes, qu'on ne put refuser de leur donner une sorte de commencement d'exécution; et il a eu l'avantage, bien glorieux pour lui, de porter un premier coup aux abus de l'hôpital actuel. Ce fut en effet d'après l'évidence des améliorations qu'il se proposait d'exécuter, qu'on ne crut pas pouvoir écarter son projet, sans du moins faire à l'hôpital conservé, l'application d'une partie des résultats dont il avait développé la nécessité. Ainsi, en conséquence des faits et des principes dont il s'était appuyé, on cessa du moins d'entasser 3, 4, 5, et jusqu'à 6 malades dans le même lit. Cette réforme importante, et qui fut bien certainement l'effet de son mémoire publié en 1785, a diminué de moitié les causes de la mortalité dans l'Hôtel-Dieu; et comme il est constant qu'il y mourait, année commune, 4,200 malades, et même davantage, c'est donc au moins par année, 2,100 de ces victimes dévolues à la mort, à qui le sieur Poyet peut se féliciter d'avoir sauvé la vie; et il y a plus de trente ans que les malades jouissent de leurs lits seuls.

Puisse, à ce titre, l'auteur du projet intéresser l'âme du monarque qui met sa gloire la plus chère à être appelé le père du peuple!

POYET, *architecte*,
Membre de l'Institut.

DE L'IMPRIMERIE DE PLASSAN, RUE DE VAUGIRARD, N° 15.

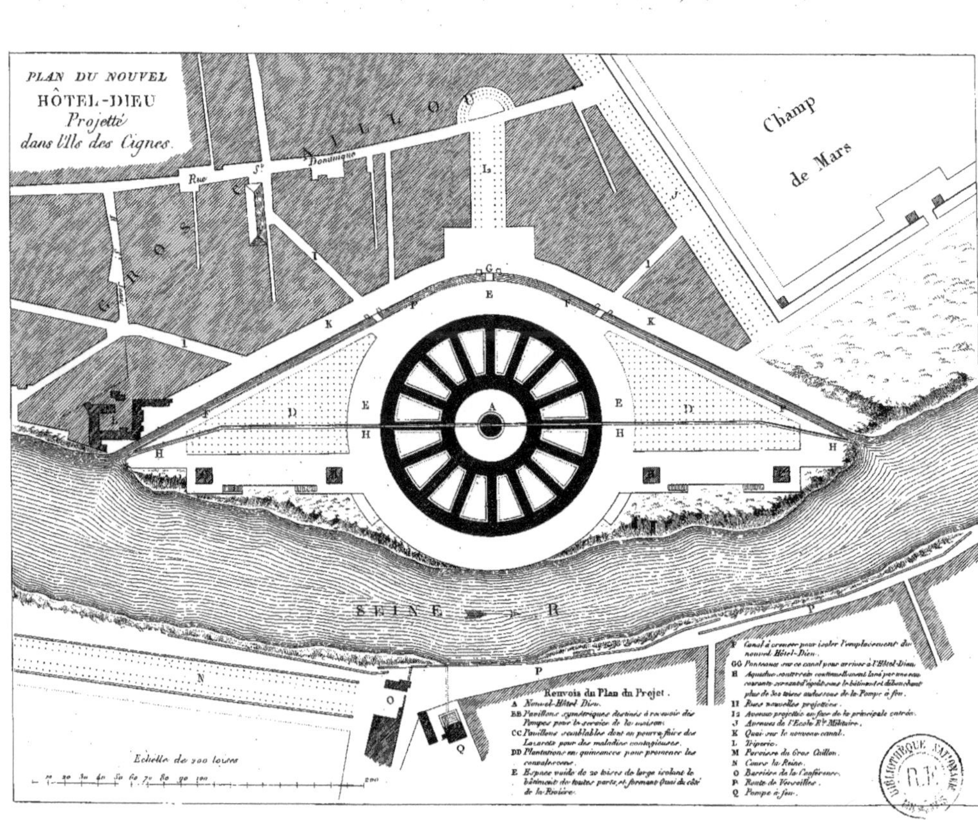

PLAN DU NOUVEL
HÔTEL-DIEU
Projetté
dans l'Ils des Cignes.
Champ
de Mars
Rue St. Dominique
SEINE R
Echelle de 200 toises
10 20 30 40 50 60 70 80 90 100 200
Renvois du Plan du Projet.
A Nouvel-Hôtel Dieu.
BB Pavillons symétriques destinés à recevoir des Pompes pour le service de la maison.
CC Pavillons semblables dont on pourra faire des Lazarets pour des maladies contagieuses.
DD Plantations en quinconces pour promener les convalescens.
E Espace vuide de 20 toises de large isolant le bâtiment de toutes parts, et formant Quai du côté de la Rivière.
F Canal à creuser pour isoler l'emplacement du nouvel Hôtel-Dieu.
GG Ponteaux sur ce canal pour arriver à l'Hôtel-Dieu.
H Aqueduc souterrain continuellement lavé par une eau courante servant d'égoût sous le bâtiment et débouchant plus de 300 toises au dessous de la Pompe à feu.
II Rues nouvelles projettées.
I2 Avenue projettée en face de la principale entrée.
J Avenues de l'Ecole Rle Militaire.
K Quai sur le nouveau canal.
L Tripperie.
M Paroisse du Gros Caillou.
N Cours la Reine.
O Barrière de la Conférence.
P Route de Versailles.
Q Pompe à feu.

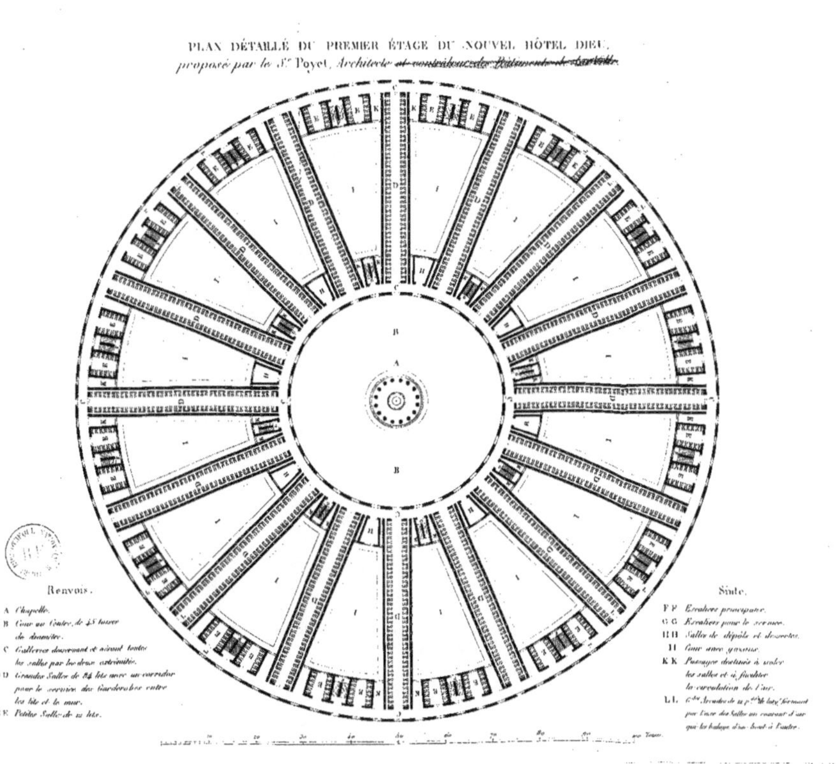
PLAN DÉTAILLÉ DU PREMIER ÉTAGE DU NOUVEL HÔTEL DIEU,
proposé par le S.r Poyet, Architecte ~~et contrôleur des Bâtiments de la Ville.~~
Renvois.
A *Chapelle.*
B *Cour au Centre, de 45 toises de diamètre.*
C *Galleries desservant et aérant toutes les salles par les deux extrémités.*
D D *Grandes Salles de 84 lits avec un corridor pour le service des Garderobes entre les lits et le mur.*
E E *Petites Salles de 12 lits.*
Suite.
F F *Escaliers principaux.*
G G *Escaliers pour le service.*
H H *Salles de dépôts et dessertes.*
I I *Cour avec gazons.*
K K *Passages destinés à isoler les salles et à faciliter la circulation de l'air.*
L L *G.des Arcades de 12 p.ds de larg.r formant par l'axe des Salles un courant d'air qui les balaye d'un bout à l'autre.*

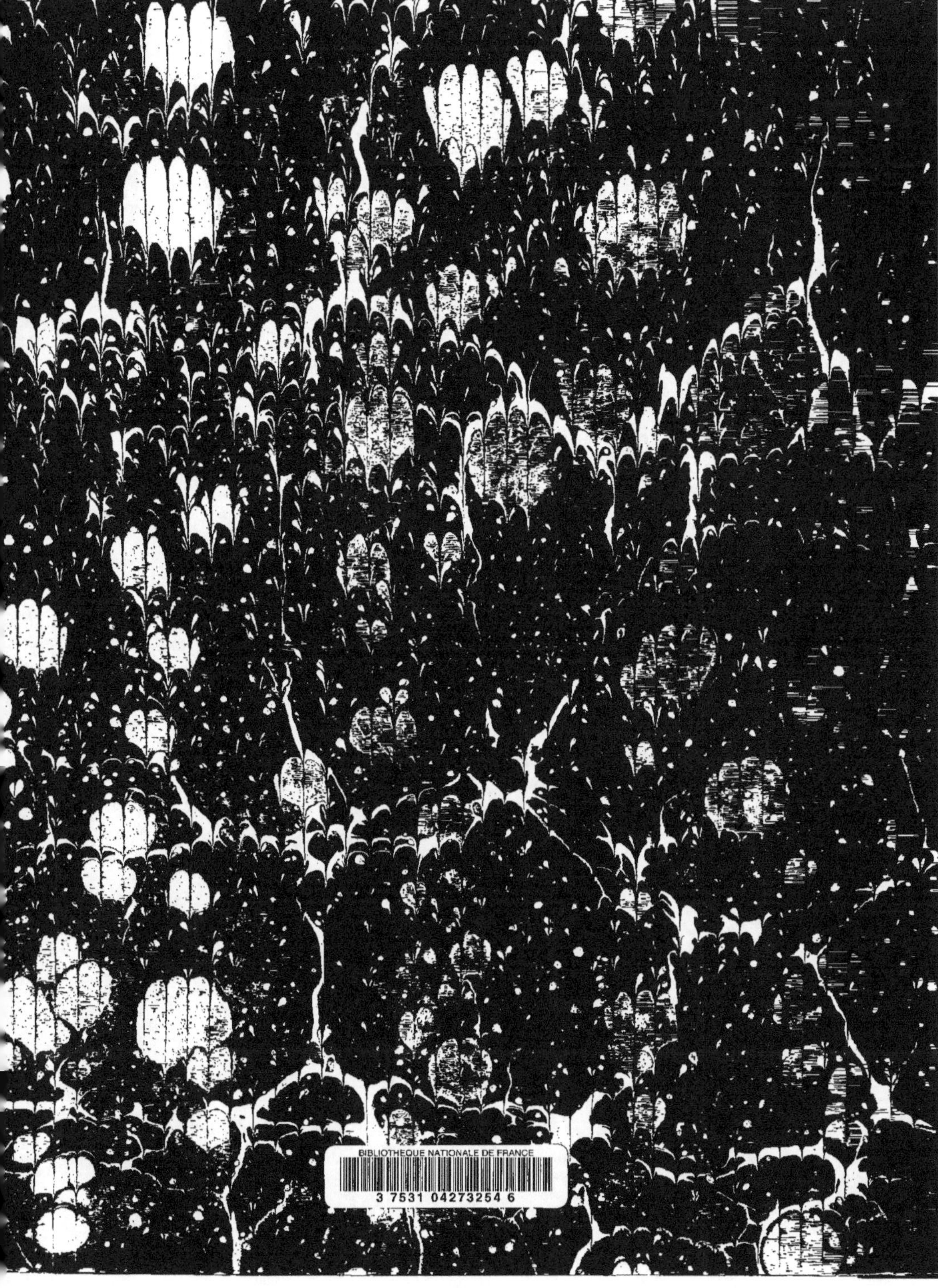

www.ingramcontent.com/pod-product-compliance
Lightning Source LLC
LaVergne TN
LVHW010311230826
846091LV00007B/3109
9782019625269